DE
L'ARMEMENT DE L'EUROPE

ET

DES ÉTATS-UNIS

INFLUENCE DU FUSIL A TIR RAPIDE

SUR

LA TACTIQUE ET L'INSTRUCTION

DU SOLDAT D'INFANTERIE.

Paris. — Impr. de Cosse et J. Dumaine, r. Christine, 2.

CONFÉRENCES DU MINISTÈRE DE LA GUERRE
1869-1870

DE

L'ARMEMENT DE L'EUROPE

ET

DES ÉTATS-UNIS

INFLUENCE DU FUSIL A TIR RAPIDE

SUR

LA TACTIQUE ET L'INSTRUCTION
DU SOLDAT D'INFANTERIE

PAR

M. DE PARADES DE LA PLAIGNE

Capitaine adjudant-major
au 2ᵉ régiment de grenadiers de la garde impériale.

PARIS

LIBRAIRIE MILITAIRE DE J. DUMAINE

LIBRAIRE-ÉDITEUR DE L'EMPEREUR
Rue et Passage Dauphine, 30

1870

Traduction et reproduction réservées.

2ᵉ série.—Nᵒ 9.

CONFÉRENCES DU MINISTÈRE DE LA GUERRE
1869-1870

DE

L'ARMEMENT DE L'EUROPE

ET

DES ÉTATS-UNIS

INFLUENCE DU FUSIL A TIR RAPIDE

SUR

LA TACTIQUE ET L'INSTRUCTION

DU SOLDAT D'INFANTERIE

PAR

M. DE PARADES DE LA PLAIGNE

Capitaine adjudant-major
au 2ᵉ régiment de grenadiers de la garde impériale.

PARIS

LIBRAIRIE MILITAIRE DE J. DUMAINE

LIBRAIRE-ÉDITEUR DE L'EMPEREUR

Rue et Passage Dauphine, 30

—

1870

Traduction et reproduction réservées.

2ᵉ *série.* — Nᵒ 9.

DE
L'ARMEMENT DE L'EUROPE

ET

DES ÉTATS-UNIS

INFLUENCE DU FUSIL A TIR RAPIDE

SUR

LA TACTIQUE ET L'INSTRUCTION
DU SOLDAT D'INFANTERIE.

MESSIEURS,

Il y a un an, M. le commandant Maldan venait ici traiter devant vous le sujet que nous osons aborder aujourd'hui.

Par sa position à Saint-Thomas d'Aquin et ses nombreuses connaissances, M. Maldan était plus à même que tout autre officier de développer avec fruit la question de l'armement nouveau adopté en Europe et aux Etats-Unis ; aussi toute l'armée a-t-elle pu apprécier cette conférence, où, dans peu de pages, il a eu le talent d'éclairer bien des questions qui jusqu'à ce jour étaient restées obscures.

Il a ouvert la voie aux discussions ; de ces discussions a jailli la lumière, et avec elle cette certitude rassurante que nous possédons le meilleur des fusils adoptés par les puissances européennes.

En nous proposant de ne pas sortir du cadre suffisamment étendu qu'il a tracé, nous contractons la double obligation de glisser rapidement sur certains points qui sont parfaitement acquis et de développer au contraire les opinions provoquées, sur certaines parties, par la lecture de la conférence dans nos régiments.

En replaçant dès lors la discussion sur ce terrain, nous espérons faire naître et apprécier quelques nouvelles idées sur la tactique militaire, dont les règles sont forcément modifiées par suite de l'adoption du nouvel armement.

Loin de nous dissimuler les difficultés de notre tâche, nous l'abordons avec l'espoir que vous voudrez bien, Messieurs, nous encourager en nous accordant toute votre indulgence.

1

L'histoire des armes à feu portatives successivement adoptées par les puissances européennes comprend six époques bien distinctes :

La première, que nous ferons dater du quatorzième siècle, est celle où l'on fit à la guerre l'application des premières armes à feu, telles que canons à main, serpentines, arquebuses, etc.

La deuxième commence en 1717, lors de

l'établissement en France du premier modèle d'armes.

La troisième prendra naissance en 1840 avec la platine à percussion.

La quatrième en 1846 avec les armes rayées et les projectiles allongés.

A partir de cette époque, le mouvement, qui jusqu'alors avait été général en Europe en ce qui concerne les modifications à apporter aux armes en service, devient partiel.

Chaque puissance se livre à des études particulières, et, comme principal résultat de ces études, nous voyons plusieurs d'entre elles modifier leurs calibres, tandis qu'il en est d'autres qui, tout en posant en principe la supériorité du petit calibre, retardent encore le moment de changer leur armement.

La Prusse avait pris les devants ; dès 1841 elle avait adopté un fusil se chargeant par la culasse du calibre de 15^{mm}3.

Nous pouvons fixer la cinquième époque en 1853, c'est-à-dire au moment où l'on voit apparaître les armes de petit calibre dans l'armement européen.

La sixième enfin datera de 1866, alors que l'adoption des armes de petit calibre et se chargeant par la culasse est devenue générale.

Notre but principal, en étudiant devant vous les armes adoptées par les puissances européennes et par les Etats-Unis, est de tirer de cette étude telles et telles conséquences qui méritent toute votre attention au point de vue de la tactique et de l'art militaire.

Les armes adoptées sont de petit calibre, c'est-à-dire variant de 10 à 15 millimètres, et se chargent par la culasse; il nous semble donc opportun d'examiner comment, des armes lisses de 17 à 18 millimètres, on a pu arriver aux fusils rayés de 10 à 15 millimètres, se chargeant par la culasse.

Nous éviterons toutefois d'entrer dans les détails relatifs aux différents modèles et systèmes qui ont été présentés pendant les périodes que nous venons d'énumérer.

Ainsi posée, la question se présente sous trois aspects différents et subordonnés l'un à l'autre

1° Examen de l'armement avec le fusil lisse de 17 à 18 millimètres;

2° En rayant ces armes et en adoptant le projectile allongé, en avait-on tiré tout le parti possible ?

3° Les fusils de petit calibre pouvaient seuls réunir toutes les conditions que l'on est en droit d'exiger des armes de guerre, et leur adoption devait nous amener à celle des armes se chargeant par la culasse.

Il y a quarante ans à peine, on accueillait difficilement le système présenté par M. Delvigne, qui consistait à forcer une balle en chargeant un fusil par la bouche; toutes les puissances européennes étaient alors armées du fusil à canon lisse de 17 à 18 millimètres.

Nous n'avons pas oublié combien alors le tir était imparfait, combien il avait peu de portée et manquait absolument de précision au delà de 100 mètres.

Jamais on n'eut plus raison de dire que *la balle était folle et que la baïonnette seule était certaine*, que le gain des batailles dépendait du choc, et que le feu de l'infanterie n'avait qu'une importance secondaire.

Comme toutes les armées de l'Europe avaient le même armement, cet état de choses ne présentait en campagne aucun désavantage ; la tactique était la même pour tous, la victoire restait à celui qui montrait le plus d'audace et le plus d'élan.

En 1826, ainsi que nous l'avons dit, M. Delvigne trouva le moyen de forcer les balles en conservant le chargement par la baguette ; cette idée, qui d'abord eut de nombreux détracteurs, n'en fut pas moins reprise plus tard, et des études sérieuses furent faites par des hommes dont les noms appartiennent à l'histoire :

En France, MM. Thouvenin, Tamisier, Minié, plus tard, Nessler ; en Belgique, M. Charrin.

Le résultat des nombreuses expériences qui furent faites fut d'abord l'adoption de la carabine pour les bataillons de chasseurs à pied, et plus tard la transformation de 1859.

1.

En faisant transformer l'armement de l'infanterie, sans donner lieu à des dépenses considérables, nous avions obtenu de grands avantages; nos armes eurent, en effet, un tir précis jusqu'à 300 mètres, et leur portée fut presque doublée.

C'était donc déjà un grand pas de fait, et l'on s'empressa de donner dans les corps une impulsion plus forte à l'instruction du tir, bien négligée jusqu'alors.

Les armes rayées de 17 à 18 millimètres, tirant des projectiles allongés, présentaient de nombreux inconvénients.

Le premier provenait du peu de tension de la trajectoire; les zones dangereuses étaient restreintes, et il en résultait qu'avec une appréciation mal faite de la distance, on avait peu de probabilité d'atteindre l'ennemi.

Plusieurs puissances européennes, en faisant rayer leurs fusils, y firent adapter des hausses; en France, la question fut longtemps discutée et l'on se détermina à ne pas faire une dépense que l'on jugeait inutile; à notre avis, on agit sagement, car nous ne croyons à l'utilité des hausses qu'autant que, en commettant les erreurs probables dans l'appréciation des distances, on a pourtant des chances d'atteindre, à cause de l'étendue des zones dangereuses.

Un autre inconvénient des gros calibres consiste dans le poids de la cartouche, qui ne permet pas de donner au soldat un approvisionnement considérable.

Nous avions encore les balles évidées, qui se déformaient tellement dans le transport, qu'il n'était pas possible de les introduire dans le canon.

Nos fusils, enfin, fabriqués à différentes époques, avaient des calibres variant de $17^{mm},8$ à $18^{mm},2$; il en résultait que dans certaines armes la balle, ne se forçant pas, n'avait ni portée ni précision.

On est en droit de se demander s'il était possible d'obvier aux inconvénients que nous venons d'énumérer ; mais il suffira de rappeler les relations qui doivent exister entre les différents éléments qui constituent une bonne arme de guerre.

Veut-on une trajectoire bien tendue (et c'est là la condition *sine quâ non*, car c'est la seule qui permette un champ de tir très-étendu sans que l'on ait à se préoccuper de l'appréciation des distances, opération fort difficile, sinon impossible en campagne), il faut alors que le rapport entre la charge de poudre et le poids de la balle varie entre un tiers et un quart, et la longueur du projectile doit être de deux à trois fois le calibre.

Il est bien évident qu'avec des armes de 17 à 18 millimètres il n'était pas possible de conserver ces rapports : on pouvait obtenir de la portée, de la justesse ; mais pour avoir une trajectoire tendue, il fallait nécessairement construire un fusil dont le tir à l'épaule eût été de toute impossibilité.

La transformation des armes lisses en armes rayées, tout en étant un véritable progrès, ne nous donnait, par le fait, qu'un armement de transition.

Pendant que des spécialistes, M. Nessler en France, M. Charrin en Belgique, étudiaient les différents modes d'évidement que l'on pouvait donner aux balles, les commissions entreprirent des travaux sur la réduction des calibres.

En 1852, M. Treuille de Beaulieu avait obtenu d'excellents résultats avec une arme tirant une balle de 11 grammes avec 4 grammes de poudre.

M. Manceaux, en 1861, présenta à Vincennes une arme remarquable par la tension de sa trajectoire, sa justesse et sa portée. La balle pesait 32 grammes, la charge de poudre était de sept grammes.

En Hollande, une commission militaire s'occupa de cette question en 1858, 1859 et 1860. Elle fit des études comparatives entre le fusil de chasseur suisse de 10^{mm},5, le fusil bavarois de 13^{mm},9, le fusil Enfield de 14^{mm},8, et le fusil de tirailleur hollandais de 16^{mm},7.

« La commission, à l'unanimité de ses membres,
« déclara que le fusil de chasseur suisse était la
« meilleure arme de guerre : ses munitions lé-
« gères et faciles à confectionner, la tension

« sans pareille de ses trajectoires, la force de
« percussion de ses projectiles sont tout à fait
« suffisants pour les effets à obtenir ; la simpli-
« cité de la construction et du maniement de
« l'arme, la facilité de son chargement résultant
« de la grandeur du vent qu'elle comporte, le
« peu d'encrassement de l'âme, même après un
« tir de 100 coups, telles sont les importantes
« considérations qui ont servi à motiver le juge-
« ment de la commission. »

La commission de Vincennes ne restait pas en
retard, mais il est fâcheux que les travaux faits à
cette époque n'aient pas été publiés ; on eût suivi
avec un grand intérêt les séries d'expériences qui
ont servi à déterminer les éléments du fusil, calibre de $11^{mm},5$, se chargeant par la bouche,
présenté en 1866 à la commission du camp de
Châlons.

Du moment que l'on était entré dans la voie
de la réduction du calibre, on devait nécessairement arriver à la véritable arme de guerre, à
celle dont la trajectoire est assez tendue pour
permettre de tirer à de grandes distances sans se
servir de la hausse.

On conçoit, en effet, que les fusils de petit calibre sont les seuls dont les éléments puissent
satisfaire aux rapports énoncés ci-dessus.

Toutes les puissances européennes reconnurent
théoriquement qu'on ne pouvait arriver à une
bonne arme de guerre qu'en réduisant le calibre.

Ces armes, qui étaient parfaites sous le rapport de la tension de la trajectoire, de la portée et de la précision, présentèrent pourtant deux inconvénients assez sérieux.

Le premier provenait de ce que, dans des calibres de 10 à 11 millimètres, il est inutile d'évider le projectile, qui est assez long pour être refoulé sur lui-même au moment de l'inflammation de la poudre.

Pour que ce mode de forcement soit complet, il faut laisser peu de vent, ce qui rendra le chargement plus difficile par suite de l'encrassement.

En France, on essaya d'obvier à cet inconvénient en changeant non-seulement le dosage de la poudre, mais encore la densité et la grosseur des grains.

Le second résultait du peu de solidité des canons de fer, qui se courbaient facilement, ainsi que le constataient nos revues d'armes.

Quand il fut question d'adopter les petits calibres, on crut qu'il suffirait d'augmenter l'épaisseur du canon, afin d'éviter les flexions. C'était une erreur, attendu que la solidité d'une arme dépend beaucoup plus du diamètre intérieur et de sa longueur que de l'épaisseur des parois.

L'acier fondu allait bientôt donner une solution définitive et satisfaisante à cette question; il offre, par la perfection à laquelle il est arrivé aujourd'hui, les avantages généraux les plus incontestables pour les armes portatives.

C'çst à l'industrie allemande, et spécialement à la maison Berger et Cⁱᵉ, à Witten, sur la Roër, que l'on est redevable d'un progrès si important.

Longtemps on a voulu combattre les petits calibres par deux objections :

1° La balle étant très-légère obéissait plus facilement aux influences atmosphériques, d'où il résultait des déviations considérables, surtout aux grandes distances ;

2° Les effets de pénétration étaient insuffisants, et partant, les blessures occasionnées par les balles seraient insignifiantes.

Admettons pour un instant qu'il soit vrai que la balle de petit calibre éprouve des déviations sous l'influence des circonstances atmosphériques, ces déviations ne sont réellement sensibles qu'aux grandes distances, et, dans ce cas, le soldat tire sur des masses. Qu'importe alors que le projectile aille plus ou moins à droite qu'à gauche ? devrait-on sacrifier la tension de la trajectoire à une justesse qui en campagne ne serait d'aucune utilité ?

Malheureusement les théoriciens qui expérimentent dans les polygones sont souvent disposés à faire entrer en première ligne la justesse d'une arme au détriment de la tension de la trajectoire.

Les résultats publiés par la commission hollandaise réduisent à néant cette objection, qui, au premier abord, paraît assez sérieuse.

Nous lisons dans les procès-verbaux :

« On a également organisé une expérience
« particulière sur la grandeur de l'écart latéral
« produit par le vent, et il en est ressorti ce fait,
« qui est en contradiction avec un préjugé encore
« très-répandu, que la balle suisse du calibre de
« 10 millimètres, pesant 16 grammes 6, avec
« 4 grammes de charge, est moins soumise à l'ac-
« tion du vent que la balle du fusil hollandais
« du calibre de 16^{mm},7 , pesant 39 grammes,
« avec une charge de cinq grammes.

« Ces déviations ont été pour la balle suisse,
« avec un vent latéral modéré : à 400 pas (le pas
« de 75 centimètres), de 9 centimètres ; à 600
« pas, de 2^m,2 ; à 800 pas, de 4 mètres ; à 1000
« pas, de 6^m,3 — et avec un vent de force irré-
« gulière et de direction changeante : à 1000 pas,
« de 6^m,7 ; à 1200 pas, de 7^m,5 ; à 1300 pas, de
« 8 mètres ; à 1400 pas, de 8^m,5 ; à 1500 pas, de
« 9 mètres.

« On voit par là que cette déviation peut être
« déjà de 8 à 9 pas à la distance de 1000 pas. »

Ces écarts, qui, par le fait, ne commencent
qu'à 600 pas ou 450 mètres, ont une importance
bien minime dans la pratique ; à cette distance ,
en effet, le soldat même, en tirailleur, devra faire
feu sur des groupes ou des masses, dont le front
aura plus de 10 mètres d'étendue.

Quant à la deuxième objection , les procès-
verbaux cités ci-dessus nous apprennent com-

bien a été grande la puissance de pénétration des balles de petit calibre ; cela résulte de ce que la capacité d'action d'un projectile dépend de ses mouvements de translation et de rotation, de sa masse et de sa forme.

On sait que les durées de trajet les plus courtes et les vitesses finales les plus grandes sont le propre des balles de petit calibre, d'où l'on peut conclure qu'elles exercent un plus grand effet de percussion, ainsi que les expériences l'ont démontré.

Les profondeurs de pénétration des balles usuelles de divers calibres sont entre elles à peu près comme les carrés de leurs vitesses.

Les blessures sont très-meurtrières et dangereuses, ainsi que l'ont constaté plusieurs rapports médicaux, dont un des plus intéressants est celui de M. Lehmann, médecin en chef de l'armée confédérée.

Le cadre restreint de cette conférence ne nous permet pas de nous étendre plus longtemps sur ces études.

Les rapports des commissions qui dans toutes les parties de l'Europe avaient expérimenté les armes de petit calibre concluaient tous que l'arme la meilleure comme arme de guerre était celle du calibre de 10 à 11 millimètres ; aussi vit-on plusieurs puissances décréter aussitôt le changement de leur armement.

Si le mouvement ne fut pas général, c'est que

déjà l'opinion se préoccupait des systèmes se chargeant par la culasse, et que, devant une dépense aussi considérable que celle qu'entraînai l'adoption d'un nouveau fusil, il était prudent de ne pas trop se presser, et d'attendre que les nouvelles questions fussent complétement élaborées.

Avant de parler de la révolution qui devait résulter du rôle attribué au fusil à aiguille à la bataille de Sadowa, nous ferons connaître l'armement de l'Europe et des Etats-Unis, tel qu'il était en 1866, au moment même où la guerre éclatait entre la Prusse et l'Autriche.

Calibres des armes en service en Europe et aux États-Unis au mois de juillet 1866.

ÉTATS.	CALIBRE de l'arme.	CALIBRE de la balle.	POIDS de la balle.	CHARGE de poudre.
	mm.	mm.	gr.	gr.
Autriche.	13,9	13,5	27,5	4,37
Bavière.	13,9	13,6	29,16	4,37
Wurtemberg.	13,9	13,5	28	4
Grand-duché de Bade.	13,9	13,5	28	4
Hesse grand-ducale. .	13,9	13,5	28	4
Hollande.	17,5	17	39	5
Hollande (1).	12,6	12,3	23,2	4,5
Hanovre..	17	16,2	34,5	4,08
Prusse.	15,4	13,6	34	4,09
Suède et Norwége.. .	12,17	11,77	24,91	4,86
Danemark..	12,17	11,8	24,13	4,86
Russie..	15,2	14,8	33	4,7
Belgique..	17,8	17,2	45	5,25
France.	18	17,2	36	4,5
Italie.	18	17,2	36	4,5
Brésil..	14,4	14	32,5	4,2
Espagne..	14,4	14	34	4,2
Angleterre..	14,8	14,4	34,5	4
Suisse..	10,5	10	16,6 / 18,2	4 / 4
Amérique..	14,8	14,4	34,5	4

(1) Cette arme n'a jamais été mise en service.

Après avoir parcouru ce tableau, on peut se demander comment il se fait que, les commissions ayant reconnu que le fusil préférable était celui dont le calibre variait de 10 à 11 millimètres, il n'y avait pas eu une seule puissance, à part la Suisse, qui ait adopté un calibre inférieur à 12 millimètres.

Nous avons dit précédemment que, dans les armes de 10 à 11 millimètres de diamètre, on était obligé, pour avoir un forcement complet, de laisser très-peu de différence entre le calibre du projectile et celui du canon ; nous avons dit également que, par suite d'encrassement, le chargement devenait dès lors plus difficile après un certain nombre de coups.

Pour éviter cet inconvénient, les Etats qui à cette époque devaient changer leur armement préférèrent les calibres de 12 à 14 millimètres ; ils sacrifièrent ainsi la tension de la trajectoire, et conservèrent les balles évidées. Ils avaient fait de très-fortes dépenses en adoptant un fusil, et ce fusil n'offrait pas encore la solution du problème que l'on s'était proposé.

La question, en 1866, peut se poser ainsi :

Il était parfaitement reconnu que le meilleur calibre était celui de 10 à 11 millimètres ; mais cette arme avait un grand défaut : elle devenait difficile à charger au bout d'un certain nombre de coups. Comment y remédier ? Il n'y avait qu'un seul moyen qui pût s'offrir à l'esprit : le chargement par la culasse.

Le fusil à tir rapide avait beaucoup de partisans et beaucoup d'ennemis ; aux uns, qui faisaient ressortir ses avantages, les autres objectaient que ces armes étaient impropres au service, que leur mécanisme compliqué se détériorait facilement, et qu'enfin le soldat consommerait trop de munitions, ce qui rendrait les approvisionnements difficiles, sinon impossibles.

Le 3 juillet 1866, la bataille de Sadowa vint mettre un terme à ces hésitations. Les feuilles publiques attribuèrent la victoire au fusil à aiguille ; l'opinion s'en émut, et il fut admis qu'il ne serait plus possible désormais de vaincre si l'on n'avait pas entre les mains une arme se chargeant par la culasse.

Le 16 juillet, le capitaine Vivian déclarait en Angleterre, à la Chambre des communes, qu'il ne comprenait pas que l'Europe se fût laissé surprendre par un tel engin de destruction, et il proposait d'appliquer immédiatement le système Snyders à toutes les armes anglaises. Le colonel Knox appuyait cette motion, et un vote tout patriotique de la Chambre allouait au gouvernement une somme de 245,000 livres sterling pour subvenir aux frais de cette transformation.

L'élan fut unanime en Europe, et toutes les

puissances, sans exception, décrétèrent l'adoption de l'arme se chargeant par la culasse (1).

Avant d'entreprendre l'étude de ces nouvelles armes, nous résumerons en quelques mots la première partie de cette conférence.

Dans le principe, avons-nous dit, toute l'Europe était armée du fusil lisse de 17 à 18 millimètres.

(1) Dès le mois de juin 1865, l'Empereur avait décidé que l'on adopterait l'arme de petit calibre se chargeant par la culasse.

L'artillerie, qui avait déjà résolu les questions du calibre, de la longueur de l'âme, de la forme et de l'inclinaison des rayures, passa les derniers mois de l'année à étudier et essayer le mécanisme du fusil présenté par M. Chassepot, et à établir le type et les tables de construction.

Quinze cents armes furent commandées à Châtellerault le 14 février 1866 ; 400 d'entre elles, terminées au mois de juin 1866, furent envoyées au camp de Châlons pour être expérimentées par des régiments de la garde impériale.

Après la bataille de Sadowa, les journaux accusèrent d'incurie le maréchal Randon, alors ministre de la guerre ; ils ignoraient, sans doute, que des ordres avaient été donnés avant le 3 juillet 1866, et qu'au moment où succombait l'Autriche, le ministre faisait construire à Saint-Etienne une manufacture mécanique pour la fabrication de 150,000 armes par an ; il créait l'atelier de Puteaux, qui a fourni plus de 1800 machines spéciales aux manufactures, et il avait prévenu les entrepreneurs de faire une rafle de bois de noyer sur tous les marchés de la France, de l'Allemagne méridionale, de la Suisse et de l'Italie.

L'adoption des armes rayées avec le projectile allongé fit faire à l'armement un immense progrès.

La première condition d'une arme de guerre étant d'avoir une trajectoire tendue, on reconnut qu'il n'était pas possible de l'obtenir avec des armes de 17 à 18 millimètres.

De là l'étude des petits calibres, qui sont adoptés par quelques puissances européennes.

Nous avons fait ressortir ensuite la difficulté de chargement qui existerait dans des armes de 10 à 11 millimètres ; nous avons ajouté que, pour obvier à cet inconvénient, les Etats qui avaient changé leur armement avaient dû adopter des calibres de 13 à 14 millimètres, lesquels n'étaient pas encore dans de bonnes conditions sous le rapport de la tension de la trajectoire.

Comment résoudre le problème ?

Une seule solution se présentait : c'était le chargement par la culasse.

La bataille de Sadowa brusqua le dénoûment et fit cesser les discussions ; il nous paraît probable, cependant, que, sans la campagne de 1866, nous serions arrivés au même résultat ; les armes présentées à cette époque avaient en effet prouvé aux différentes commissions que l'on pouvait arriver à des mécanismes très-simples et très-solides, et en admettant même que la consommation des munitions soit plus considérable, n'oublions pas que, sous le même poids, nous donnons au soldat beaucoup plus de cartouches.

II

Les dépenses énormes que devaient entraîner les changements ou les modifications de l'armement ont dû entrer en ligne de compte, et les décisions qui ont été prises à ce sujet par les différents États ont dû être basées sur ces deux considérations :

1° Adoption de l'arme remplissant les meilleures conditions sous le rapport du service ;

2° Nécessité où l'on se trouvait de réduire autant que possible les frais occasionnés par l'amélioration de l'armement.

Nous n'avons ni la prétention ni le droit de discuter des travaux aussi sérieux que ceux qui ont été faits par les commissions ; les documents n'étant pas entre nos mains, il nous serait impossible d'émettre une opinion avantageuse à telle ou telle arme ; et d'un autre côté, les puissances ayant adopté un système nouveau ou une transformation, nous devons nous incliner devant les motifs qui ont guidé chacune d'elles.

Après avoir réuni ensemble les systèmes qui ont le plus de rapports entre eux, nous nous contenterons de faire ressortir leurs avantages et leurs inconvénients.

L'examen détaillé de chaque fusil est en dehors des limites que nous nous sommes tracées.

Enfin un tableau indiquera les calibres, le poids de la balle et de la charge de poudre ; et avec ces données, on pourra se faire une idée de la portée et de la tension de la trajectoire de ces armes ; ce sont là des connaissances qui deviendraient indispensables le jour où une guerre mettrait en face de nous une puissance européenne.

On peut diviser en quatre groupes les différents systèmes adoptés par l'Amérique et les principaux États de l'Europe.

Premier groupe. — Armes dans lesquelles l'inflammation de la charge a lieu au moyen d'un percuteur et d'un chien.

Deuxième groupe. — Armes dans lesquelles l'inflammation de la charge a lieu au moyen d'un chien et d'une cheminée portant la capsule.

Troisième groupe. — Armes dans lesquelles l'inflammation de la charge a lieu au moyen de la piqûre d'une aiguille sur l'amorce.

Quatrième groupe. — Armes dites *à répétition.*

Le signe caractéristique des armes du premier groupe est le chien frappant sur un percurteur, qui lui-même, par son choc sur l'amorce fulminante, détermine l'explosion de la charge.

L'amorce, la poudre et la balle sont enfermées soit dans des tubes en cuivre rouge, soit dans des tubes de clinquant recouverts de carton ; ces

cartouches portent le nom de *cartouches métalliques*.

Le mécanisme de ces armes est compliqué ;
généralement l'ancienne platine a été conservée,
surtout dans les transformations ; on a ajouté un
système obturateur, d'où résulte une multiplicité
de pièces qui est toujours un inconvénient pour
un fusil destiné à être mis entre les mains du
soldat.

Les percuteurs sont de formes différentes, les
uns compliqués, les autres fort simples ; mais
tous ont le défaut de nécessiter l'emploi d'un petit ressort à boudin, dont le but est de ramener
cette pièce à sa position primitive ; ce ressort à
boudin a le tort de se fausser et même de se briser bien souvent.

Dans quelques-unes de ces armes, le percuteur
frappe obliquement l'amorce fulminante, ce qui
est une cause fréquente de ratés, surtout quand
on se sert de cartouches à inflammation centrale.

Les cartouches métalliques rendent indispensable l'emploi d'un arrache-cartouche ou extracteur. Quelle que soit leur forme, ces engins sont
tous munis d'une griffe destinée à saisir la douille
de la cartouche ; mais si par malheur cette griffe
se brise ou s'émousse, le soldat n'a plus dans
les mains qu'une arme complétement inutile.

Il arrive souvent que l'opération de retirer la
cartouche ne réussit pas ; ce cas se présente fré-
quemment, quand la griffe n'agit que sur un côté ;

alors le cuivre se déchire, le culot se cale obliquement dans la chambre, et l'extraction devient impossible.

Les cartouches métalliques, qui semblent au premier abord très-avantageuses, n'en présentent pas moins de bien graves inconvénients.

Le poids de la douille est en moyenne de 5 grammes, ce qui représente, pour 72 cartouches, 360 grammes, c'est-à-dire, la valeur de 10 cartouches, ou un septième du poids total (1).

La confection de la cartouche métallique exige une grande précision, et pour l'obtenir il faudrait employer des machines dont le prix de revient atteint le chiffre de 35,000 francs.

Les tubes sont fabriqués au moyen d'une matrice, et comme celle-ci s'usera par l'usage, il arrivera qu'au bout d'un certain temps on livrera des cartouches qui ne pourront pas entrer dans les chambres.

Si la matrice dont on se sert est d'un diamètre trop petit, au moment de l'inflammation de la poudre, le tube dont le calibre est inférieur à celui de la chambre se fendra suivant sa génératrice, les gaz se projetteront en arrière et pourront faire sauter l'obturateur ; dans ce cas, la cartouche peut se coller contre le canon et l'en-

(1) Dans le système français d'approvisionnement, la substitution de la cartouche métallique à la cartouche actuelle, forcerait d'ajouter 200 voitures aux parcs d'une armée de 120,000 hommes.

3.

clouer. Il faut donc que le calibre de la cartouche métallique soit en accord parfait avec celui de la chambre ; par conséquent, il faut que les chambres de tous les fusils soient identiques, et que les matrices servant à rouler les tubes soient mathématiquement pareilles.

Il est douteux que l'on puisse arriver à ces résultats dans de grandes fabrications. Y arriverait-t-on même, qu'au bout de quelques années de service, et par suite de l'usure, les calibres des chambres se seront agrandis.

Dans ces derniers temps, l'industrie a trouvé des douilles de cuivre très-solides et susceptibles de résister à une charge de poudre de 5ᵍ,50.

Ces tubes ont l'avantage de ne pas éclater, quand leur diamètre est plus petit que celui de l'arme ; ils coûtent de 8 à 10 centimes ; mais on peut les faire resservir. Toutefois il arrivera dans ce cas qu'au bout de quelques années, les rebords des culots se seront arrondis, et que la griffe de l'extracteur ne trouvera plus de prise.

Les commissions qui ont travaillé à la transformation de l'armement ont généralement opté pour les armes du premier groupe.

Ces décisions ont, sans doute, été motivées par l'avantage que présente, comme solidité, la cartouche métallique, quand on la compare à la cartouche en papier ; quant à nous, sans vouloir trancher la question d'une manière absolue, nous pensons qu'il serait préférable d'employer une cartouche un peu moins parfaite, et d'avoir un fusil simple et solide, ne nécessitant pas l'usage d'un extracteur.

Cette pièce, en effet, doit se briser facilement, et quand elle cessera d'agir, l'homme, nous l'avons déjà dit, n'aura entre les mains qu'une arme inutile.

Dans les armes du deuxième groupe, l'inflammation se produit au moyen du chien et d'une capsule placée sur la cheminée.

Ces armes sont peu nombreuses.

Leur mécanisme diffère peu de celui des fusils qui appartiennent au premier groupe, il est également très-compliqué.

Par l'emploi de la capsule, on évite les désavantages que nous avons fait ressortir de l'emploi de la cartouche métallique ; mais en revanche on diminue la rapidité du tir ; les ratés, surtout par les temps humides, doivent être fréquents, la communication du feu s'opérant à travers l'enveloppe qui renferme la charge de poudre.

M. de Ploennies, dans son ouvrage sur les armes à feu portatives, nous donne des détails très-intéressants sur des études faites en Russie par la commission chargée de faire un rapport sur une arme du deuxième groupe, dont le système obturateur est dû à M. Gillet, professeur belge à l'école de pyrotechnie d'Anvers.

« Il s'agit de savoir, nous dit-il, si l'inflam-
« mation est bien assurée, quand on emploie le

« papier à cartouche ordinaire pour l'enveloppe
« de la poudre. Pour produire un jet inflamma-
« toire aussi puissant que possible, le canal de
« lumière est fortement rétréci par le bas. A l'é-
« cole de tir des officiers de Tzarskoé-Sélo, on a
« constaté par expérience que la cheminée doit
« toujours être renouvelée après un nombre de
« coups qui varie de 500 à 700, faute de quoi,
« d'une part, l'usure du canal amène des ratés,
« tandis que, d'autre part, quand les coups
« partent, l'action postérieure de l'explosion de-
« vient si vive, que les capsules jaillissent vio-
« lemment en arrière et que chien revient au
« cran de repos.

« Il n'y a pas, à la vérité, d'inconvénient à l'o-
« bligation d'emporter une cheminée de rechange
« et de la mettre en place, après environ 500
« coups tirés ; mais il est à craindre que cela ne
« suffise pas pour assurer entièrement l'inflam-
« mation, du moins pour toute espèce de cap-
« sules.

« Les capsules russes sont remplies d'une com-
« position très-puissante, et l'on n'a jamais em-
« ployé dans les expériences faites avec le fusil
« obturateur que des capsules de fabrication ré-
« cente et de qualité supérieure. »

Dans des expériences qui furent faites en Angleterre, on employa des cartouches confection-
nées avec du papier très-mince ; elles avaient une
deuxième enveloppe de papier très-fort. Pour

charger, on déchirait la seconde enveloppe, et la cartouche était ainsi introduite dans la chambre.

Par ce moyen, on pouvait éviter des ratés, mais on rendait le tir beaucoup moins rapide.

Nous avons classé dans le troisième groupe les armes dites *à aiguille*.

Leur mécanisme est des plus simples : quelques pièces, il est vrai, sont délicates ; mais le soldat, en ayant de rechange dans sa giberne, pourra facilement les remplacer, même pendant le tir.

Les cartouches sont en papier recouvert d'une gaze légère. Le poids mort est insignifiant ; en Prusse, il est de $3^g,25$; en France de 1 gramme.

Le reproche le plus sérieux qu'on puisse faire à ces cartouches, c'est de ne pas présenter toutes les garanties de solidité désirable. Mais le dernier mot n'est pas encore dit, et il est incontestable que l'on arrivera à confectionner des cartouches douées de toutes les qualités que l'on doit exiger des munitions de guerre. Dès lors le fusil à aiguille sera le vrai type de l'arme se chargeant par la culasse : mécanisme simple, absence de résidus après l'inflammation de la charge, pas d'extracteur, cartouche ayant un poids mort insignifiant et portant elle-même son amorce, tels sont ses avantages.

Nous avons classé dans le quatrième groupe les fusils à répétition.

La complication de ce système a fait rejeter ces armes par les puissances européennes ; exceptons-en toutefois la Suisse, qui vient d'adopter le fusil Vetterli.

Nous lisons dans la *Revue militaire suisse* du 1er février 1869 :

« Etablissons d'abord que tel engin, bon pour
« une armée d'un effectif restreint, pour une ar-
« mée toujours sur la défensive, opérant dans
« un pays de montagnes, et toujours sur son
« propre terrain, peut ne pas convenir également
« à une armée n'étant pas dans les mêmes con-
« ditions, ayant un effectif considérable, pouvant
« avoir à opérer sur tous les terrains, dans tous
« les pays, et appelée subitement de la défensive
« à passer à l'offensive ou réciproquement.

« Si donc le fusil Vetterli peut convenir pour
« un petit corps de troupes, pour une armée
« restreinte, n'ayant que fort rarement à com-
« battre, ayant seulement en quelque sorte à
« assurer la défense de son territoire ou la tran-
« quillité intérieure du pays, cette arme ne pou-
« vait, au même degré, être bonne pour une
« grande puissance à laquelle il faut des engins
« de jet et de main très-solides, n'étant pas aptés
« à être facilement brisés ou dérangés pendant
« une campagne, n'exigeant que des munitions
« du moindre poids et du moindre prix pos-
« sibles. »

Aux États-Unis, pendant la guerre de la sécession, une partie de la cavalerie et de l'infanterie
à cheval était armée du fusil à répétition, système

Spencer, et, dans plusieurs circonstances, ils surent utiliser les avantages que présentait cette arme sous le rapport de la rapitité de son tir. Ainsi, à la bataille de Hanover-Court-House, la division Porter, appartenant à l'armée du Potomac, commandée par Mac-Clellan, était vigoureusement repoussée par une division sudiste sous les ordres du général Branch ; arrive le général Custar, commandant la brigade de cavalerie du Michigan ; il fait mettre pied à terre à ses hommes armés de fusils à répétition, et la vivacité de son feu change bientôt en victoire une déroute qui était certaine. (*Guerre de la sécession*, par M. Lecomte, lieutenant-colonel de l'état-major fédéral suisse.)

Après cet examen rapide des armes classées par groupes, il nous paraît utile et intéressant de connaître les différents systèmes adoptés par les États-Unis et les puissances européennes.

M. le colonel Maldan, dans la conférence qu'il fit l'année dernière sur le même sujet, put présenter plusieurs des systèmes d'armes adoptés par les puissances européennes ; nous pensons donc qu'il serait inopportun de venir aujourd'hui donner les détails descriptifs sur ces mêmes fusils.

Nous nous bornerons à énoncer rapidement l'énumération des différents modèles.

PREMIER GROUPE.

Autriche.

L'Autriche a adopté pour sa transformation le système *Wänzl* et pour l'armement neuf le système *Wörndl*.

Le fusil Wörndl a été le but des attaques de la presse autrichienne ; un moment même le bruit a couru que les fabrications avaient été arrêtées et qu'une nouvelle arme était mise à l'essai.

Nous sommes heureux de pouvoir constater que ces articles étaient dictés par la malveillance et n'avaient aucun fondement.

S. A. l'archiduc Albert, qui nous fait l'honneur d'assister à notre conférence, nous a dit que l'on était très-satisfait du fusil système Wörndl, et que cette arme s'était très-bien comportée entre les mains des chasseurs autrichiens pendant la campagne de Dalmatie (décembre 1869 et janvier 1870).

Angleterre.

Le fusil Enfield a été transformé d'après le système *Snyder* ; l'arme neuve adoptée doit son mécanisme à M. Martini ; les éléments qui constituent le canon et la cartouche sont de M. Henry ; elle a pris le nom de fusil *Martini-Henry*.

Belgique.

Tout en conservant son ancien armement, la Belgique a voulu avoir un petit calibre ; on a réduit le diamètre de 17^{mm},7 à 11 millimètres, en introduisant dans l'intérieur du canon une chemise en acier.

Le mécanisme est du système *Albini-Brandlin.*

Danemark et États du Pape.

Ces deux puissances ont changé leur armement, et leur choix s'est arrêté sur le fusil *Remington.*

France.

La transformation adoptée en France pour les armes en service a été présentée par la commission des armes portatives de Vincennes ; elle diffère peu du système *Snyder* et a pris le nom de *transformation 1867.*

Hollande.

Le système *Snyder* a prévalu en Hollande pour la transformation de l'armement.

Cette transformation ne doit être que transitoire ; une commission étudie dans ce moment une arme de petit calibre se chargeant par la culasse.

D'après les informations certaines qui nous sont arrivées de la Haye, nous savons que le calibre admis en principe est le 11, et que le choix s'est fixé sur la cartouche métallique à inflammation centrale.

A la suite des premières études qui furent faites sur les armes se chargeant par la culasse, la commission décida en principe l'adoption d'un des quatre systèmes suivants :

1° Remington ; 2° Peabody ; 3° Wörndl ; 4° Beaumont.

Une lettre du 20 novembre 1869 nous apprend que les trois premiers systèmes ont été écartés.

Le mousqueton *Remington* a été adopté pour la cavalerie.

Le fusil *Beaumont* sera donc probablement l'arme de l'infanterie ; son système est très-simple et se rapproche de celui du fusil français, modèle 1866.

La cartouche métallique a permis de supprimer l'obturateur ; un piston percuteur est mû au moyen d'un ressort ordinaire, qui est logé dans la poignée du verrou. Ce dernier a, sur le devant à gauche, un tire-cartouche à ressort, qui marche dans une rainure pratiquée dans le logement du verrou, et vient se placer, au moment de la fermeture, devant le culot de la cartouche.

DEUXIÈME GROUPE.

Amérique.

Pendant et après la guerre de la sécession, les

armes en service aux États-Unis ont été transformées d'après le système *Lindner*.

Grand-duché de Bade.

Depuis 1863, les chasseurs du grand-duché de Bade sont armés d'un fusil se chargeant par la culasse, du système *Terry*.

Après la campagne de 1866, les Badois auraient adopté, dit-on, le même système pour la transformation de leur armement.

Bavière.

Le mode de transformation adopté en Bavière consiste à couper le canon au tonnerre pour visser à l'arrière une boîte de culasse à cheminée renfermant un cylindre obturateur.

L'étui de la cartouche est fait avec du papier fort, le fond est consolidé avec du papier végétal.

Chaque cartouche porte à sa partie antérieure une capsule maintenue par un fil.

Suède et Norwége.

La marine reçut, en 1842, un fusil se chargeant par la culasse, du calibre de $16^{mm},62$.

En 1860, un nouveau modèle fut mis en service, c'est celui que nous avons mentionné dans le tableau des armes adoptées par les puissances européennes et les États-Unis.

Nous ne pouvons pas affirmer que la Suède et la Norwége aient adopté ce système pour la transformation de leur armement. Il est permis de supposer que ces deux puissances, suivant l'exemple du Danemark, vont être armées du fusil Remington.

Russie.

D'après nos renseignements, la Russie aurait adopté en principe, pour la transformation de ses armes, le système Terry, en lui faisant toutefois subir quelques transformations.

M. Gillet, professeur à l'École de pyrotechnie d'Anvers, imagina de choisir pour obturateur le projectile lui-même ; ce mode de fermeture présente l'immense avantage de ne jamais s'user, puisqu'il se renouvelle après chaque coup tiré.

M. Trummer, s'emparant de cette idée, construisit un fusil qui eut un grand succès à l'école de tir de Tzarskoé-Sélo.

Les études se portèrent ensuite sur le système Carle, arme à aiguille que nous avons classée dans le troisième groupe.

Le système Carle, un instant adopté, a été rejeté, dit-on, par la Russie, qui choisirait définitivement le fusil de l'Américain Berdan, du calibre de $11^{mm},43$.

TROISIÈME GROUPE.

Italie.

Au mois d'avril 1866, une commission nommée par le ministre de la guerre fut convoquée dans le but de proposer :

1º Une arme neuve se chargeant par la culasse ;

2º Un système de transformation applicable aux fusils en service.

La commission décida que, pour l'arme neuve, on devait admettre en principe un calibre compris entre 9^{mm},5 et 10^{mm},5. Quant au mécanisme, il n'a été pris aucune décision.

Partant de ce principe qu'il fallait conserver les cartouches en papier, puisqu'on ne voulait pas augmenter leur poids, la commission décida que la transformation aurait lieu d'après le système à aiguille.

Après de nombreux essais, on s'arrêta à une arme dont le mode de fermeture et d'inflammation a de grandes analogies avec le système Doërsch et Baumgartin, le système Dreyse et le système Chassepot.

France.

Le changement de l'armement avait été en principe décidé en France, à l'époque où plusieurs puissances européennes avaient adopté des fusils de petit calibre ; nous ne devions pas rester inférieurs à nos voisins, il fallait donc suivre le mouvement.

Plusieurs armes furent étudiées alors par la commission de Vincennes, et nous citerons comme une des plus remarquables le fusil de 15 millimètres, tirant une balle évidée, dont les éléments furent déterminés par M. le colonel Nessler.

A la suite de ses expériences sur les petits calibres, la commission de Vincennes établit les relations qui doivent exister entre la longueur de la balle et le calibre, entre son poids et la charge de poudre ; elle s'occupa de la forme et de l'inclinaison des rayures, de l'influence dans le tir du mouvement de rotation du projectile. Le résultat de ces études fut la construction d'une arme du calibre de 11^{mm},5 se chargeant par la bouche, dont la tension de la trajectoire, la portée et la précision ne laissaient rien à désirer.

Nous avons dit que la bataille de Sadowa avait hâté l'adoption des armes se chargeant par la culasse, adoption décidée en principe par l'empereur au mois de juin 1865.

Une commission fut organisée au camp de Châlons, sous la présidence du général d'Autemarre, M. Maldan rapporteur ; elle devait se prononcer sur les trois armes qui lui furent présentées :

1° Le fusil de M. Chassepot ;

2° Le même modifié par M. Plumerel ;

3° Le fusil de 11^{mm},5 se chargeant par la bouche.

A l'unanimité, moins une voix, la commission déclara que le premier réunissait toutes les conditions que l'on doit exiger d'une arme de guerre.

Par suite de cette décision, le fusil de M. Chassepot fut adopté et prit le nom de fusil modèle 1866.

L'usage a fait prévaloir le nom de *fusil Chassepot*, on s'en est même servi dans les pièces officielles.

Sans vouloir diminuer les mérites de M. Chassepot, nous devons constater ici qu'il n'est spécialement l'auteur que de trois choses pour lesquelles il a pris un brevet d'invention :

1° L'obturateur en caoutchouc;

2° Le mécanisme (perfectionnement très-heureux du mécanisme prussien);

3° La cartouche.

Quant aux autres parties de l'arme, elles sont le résultat d'études longues et consciencieuses faites à Vincennes par la commission permanente, dans les manufactures par les officiers d'artillerie, à Châlons par les professeurs de l'École de tir.

Prusse.

Le fusil à aiguille est dû à M. Dreyse, le premier modèle remonte à 1841, il ne fut adopté qu'en 1848, pour l'armement d'une partie de l'inanterie active, c'est-à-dire de tous les bataillons de fusiliers des 32 régiments d'infanterie existant à cette époque.

En 1857 et 1859, on arma de fusils à aiguille toute l'infanterie de ligne et la landwehr du 1er ban. Plus tard parut le modèle 1860, qui répondait mieux aux besoins du service; à celui-ci succéda le modèle 1862, qui remplaça tous ceux qui l'avaient précédé.

Les canons des fusils prussiens actuels sont en acier fondu provenant de la fabrique de Bergerschem ; ils sont brunis et assujettis à la monture au moyen d'anneaux et de ressorts.

Pour les armes neuves, la hausse est munie d'un curseur latéral destiné à corriger la dérivation; c'est la seule arme en Europe sur laquelle on voit un système pareil. Cette correction nous paraît assez inutile.

La Prusse a, dit-on, l'intention de changer son armement et de mettre en service un fusil à aiguille de petit calibre.

Les fabriques de Suhl, Spanberg, Sauer et Sturm, ont appliqué aux calibres inférieurs le système du fusil à aiguille en service.

La plus remarquable de ces armes est celle qui a été proposée par M. Schilling. Elle est du calibre de $10^{mm},5$. On lui reproche avec raison son poids considérable (5 ,122); et pourtant, si nous en croyons certaines feuilles qui se disent bien informées, elle serait à la veille d'être adoptée.

Russie.

Il n'y a pas lieu de s'occuper du fusil du système Carle, adopté par la Russie : il a été abandonné par cette puissance qui lui préfère le système Berdan.

QUATRIÈME GROUPE.

Amérique.

Pendant la guerre des États-Unis, plusieurs fusils à répétition furent mis en usage dans les armées belligérantes ; sur le nombre, le seul qui soit resté en service est celui de M. Christopher-Henri Spencer.

Quand la guerre fut terminée, et à la suite des rapports qui avaient été faits par les officiers généraux, il fut décidé par le gouvernement de l'Union que l'on armerait de fusils Spencer 6,000 hommes appartenant à l'infanterie à pied et à l'infanterie à cheval.

Suisse.

Nous trouvons dans la *Revue suisse* une publication très-intéressante faite dans le numéro 18 de l'année 1869 :

L'assemblée fédérale ayant posé en principe l'introduction d'un fusil à répétition pour toute l'armée, le conseil fédéral a adopté, par un arrêté du 8 janvier 1869, le modèle dit *Vetterli*, modifié depuis les essais auxquels il avait été soumis en 1867 et 1868.

En écrivant cette conférence, nous nous étions proposé de nous abstenir de toute analyse sur les armes adoptées ; les commissions des différents États européens avaient décidé, et devant ces décisions nous ne pouvions que nous incliner sans conclure à la supériorité de tel ou tel système. Mais depuis quelque temps notre arme est en butte à bien des attaques ; dans les feuilles publiques, on se plaît à la dénigrer, et il semble, en lisant certains articles, que nous sommes les plus mal armés parmi les puissances européennes. Notre opinion, et, je crois, l'opinion de toute l'infanterie, est que notre fusil est fort bon et susceptible de rendre d'excellents services, si jamais nous sommes appelés à en faire usage contre les ennemis de la France.

Quand on l'attaque, sa cause est donc bien facile à défendre, et, si vous voulez nous le permettre, nous allons essayer en quelques mots de faire ressortir sa supériorité sur les autres armes adoptées par les États de l'Europe.

Écartons de cette discussion les armes du deuxième et du quatrième groupe, les unes nécessitant l'emploi d'une capsule, les autres dites *armes à répétition* ; il nous reste le premier et le troisième groupe, c'est-à-dire les fusils avec cartouche métallique et les fusils à aiguille. Parmi les premiers, celui auquel on peut à juste titre assigner le premier rang est l'arme que vient d'adopter l'Angleterre, le *martini-henri*. Parmi les seconds, le fusil français à aiguille modèle 1866 est le modèle le plus complet de ceux qui ont été présentés jusqu'à ce jour.

Nous pouvons donc restreindre notre discussion à ces deux armes, le fusil anglais de MM. Martini-Henri et le fusil français modèle 1866.

Les parties principales du mécanisme du système Martini sont :

1° *Le bloc obturateur*, qui sert à fermer le tonnerre quand l'arme est chargée ; il renferme un cylindre terminé par une tige percutante et autour duquel s'enroule le ressort à boudin ;

2° *La fourchette*, dont l'extrémité supérieure sert à tendre le ressort, et l'extrémité inférieure formant la noix reçoit dans ses crans le bec de gâchette, lequel est intimement lié avec la détente ;

3° *L'extracteur*, servant à retirer la douille de la cartouche ;

4° *Le levier*, dont le jeu fait ouvrir et fermer le système.

Supposons le tonnerre dégagé et la cartouche introduite, quand on ferme le levier, la fourchette, maintenue à sa base par le bec de gâchette, retient la tige percutante et tend le ressort à boudin. Le pivot indicateur, dont la partie qui entre dans la fourchette est à carré, se reporte aussitôt en arrière pour indiquer que l'arme est chargée.

En appuyant sur la détente, la fourchette se dégage, le ressort devient libre, le percuteur frappe la cartouche, et le pivot indicateur, suivant le mouvement de la fourchette, reprend la position verticale.

Dès que l'on ouvre le levier, le bloc s'abaisse en se reculant un peu ; il dégage ainsi l'intérieur du tonnerre ; sa partie antérieure frappe sur la petite branche de l'extracteur, la grande branche se trouve retirée en arrière et les deux griffes qui la terminent saisissent le bourrelet de la douille et la rejettent en dehors de la boîte de culasse.

Ce mécanisme, qui a une grande analogie avec le système Peabody, paraît très-simple au premier abord ; cependant, en l'examinant de très-près, on verra quels soins il faut apporter à l'assemblage des nombreuses pièces qui le composent ; il y en a vingt et une.

Après avoir fait de cette arme une étude approfondie, nous nous permettrons de demander à ceux qui sont plus compétents que nous dans la fabrication s'il eût été possible de livrer en quelques mois autant de fusils Martini que l'on a pu donner de fusils modèle 1866 ; nous leur demanderons en outre en quel état eussent été ces armes dont les différentes pièces auraient été fabriquées en Espagne, en Italie, en Belgique, en

rance et en Angleterre. En peu de mois tous
s régiments ont été armés du fusil modèle 1866 ;
a pu se présenter dans quelques livraisons
uelques défectuosités de détails ; ces défectuo-
tés ont été facilement et rapidement réparées
ar les maîtres armuriers des corps, et s'il eût
allu entrer en campagne, l'armée entière eût eu
ntre les mains des armes se chargeant par la cu-
asse.

Ces avantages, qui à notre point de vue son t
l'une importance majeure, les aurions-nous ob-
enus avec le fusil *Martini-Henri* ?

Notre opinion est donc que, sous le point de
vue général de la fabrication, le fusil français est
supérieur au fusil anglais.

Nous reproduirons ce que nous avons dit plus
haut, en traitant les avantages et les inconvénients de la cartouche métallique ; son adoption
entraîne dans les parcs d'approvisionnement
l'addition de 200 voitures pour 120,000 hommes.

Que deviennent les deux armes dans le service ?
Personne n'ignore avec quelle rapidité nos
hommes se sont familiarisés avec leur nouveau
fusil. Le montage et le démontage, le maniement
de l'arme ont été pour eux l'objet de quelques
séances de théorie. Ces résultats, les obtiendrait-
on avec le *Martini* ? Démonter ee mécanisme est
une opération longue et minutieuse ; les Anglais
l'avouent eux-mêmes en mettant dans l'instruction que l'homme aura le droit de démonter le

bloc seulement ; il se contentera de mettre de l'huile dans la chambre de culasse ; en conséquence, quand les armes auront été longtemps exposées à la pluie, les pièces intérieures, telles que la fourchette, les remparts du levier, la gâchette ou partie supérieure de la détente, l'extracteur, devront rester rouillées, car elles seront rouillées, l'eau pouvant passer entre les parois du bloc et celle de la chambre de culasse.

Quelques-unes des pièces composant le mécanisme du fusil français peuvent au premier abord paraître délicates, mais cet inconvénient est bien peu de chose si on songe avec quelle rapidité le soldat changera lui-même une aiguille, une rondelle, etc.

Le martini n'est pas, lui non plus, à l'abri des dégradations : il a un ressort à boudin, il a un extracteur ; qu'une de ces deux pièces se brise, voilà une arme inutile entre les mains de l'homme ; la difficulté d'ajustage nécessitera l'envoi du fusil à l'atelier de l'armurier. La crosse et le fût sont deux pièces de bois distinctes, reliées par la chambre de la culasse mobile ; est-ce bien solide ?

Si du mécanisme nous passons au canon, nous trouvons une nécessité absolue dans le parfait calibrage de la chambre. Les cartouches en clinquant éclateront toutes les fois que cette condition ne sera pas remplie, dès lors leur extraction ne sera plus possible. Dans une grande fabrica-

ion peut-on arriver à avoir des chambres iden-
iques? Y arriverait-on même, au bout de
quelques années de service ces conditions ne
seront plus remplies.

Les enthousiastes du fusil Martini viennent encore nous dire : « Le tir est supérieur à celui du
fusil français, la trajectoire est plus tendue. »
Nous avons consulté les résultats inscrits dans
le rapport de la commission anglaise et nous
nous rendons à l'évidence des chiffres. Nous ferons pourtant remarquer que la comparaison entre
les deux armes a été faite aux distances de 500
mètres et au delà; nous prétendons, jusqu'à
preuve du contraire, que jusqu'à 300 ou 350, la
flèche de la trajectoire du fusil modèle 1866 ne
diffère en rien du fusil Martini-Henri.

La cartouche présentée par M. Henri renferme
5^g,50 de poudre et une balle de 31 grammes; la
nôtre, 5^g,25 de poudre et une balle de 24^g,50. Le
rapport entre le poids de la balle et celui de la
charge est, à peu de chose près, le même. Dans
le fusil Martini, il n'y a pas de chambre ardente,
il n'y aura donc aucune perte dans la tension des
gaz au moment de l'inflammation de la poudre.

Nous lisons dans le rapport de la commission :
« On s'est servi de la poudre *Curtis et Harvey*
« n° 6, dont on a reconnu la supériorité pour les
« armes rayées de petit calibre. »

La longueur de la balle de M. Henri est de
32^{mm},24; trois fois le calibre serait 34^{mm},29 ; on

a pu augmenter la longueur de la balle sans augmenter son poids d'une manière sensible, en la fondant avec un douzième d'étain.

Notre balle a 25 millimètres de longueur pour un calibre de 11 millimètres. Nous devrions nous rapprocher davantage de 33 millimètres, c'est-à-dire trois fois le calibre. Selon nous cette supériorité de tension de trajectoire que l'on nous oppose dépend plus des éléments de la cartouche que du nombre des rayures, qui a été porté à sept dans les canons de M. Henri ; en admettant même que, par suite de modifications apportées à notre cartouche, nous obtenions aux grandes distances les résultats constatés par la commission anglaise, les avantages que l'on en retirerait ne viendraient pas contre-balancer l'augmentation de prix qui en serait la conséquence.

Une dernière objection nous est faite : « Votre « arme n'est pas bonne, puisque les autres puis-« sances ne veulent pas l'adopter. » Nous répondrons : Dans son rapport, la commission anglaise a reconnu que les fusils modèles 1866 dont on s'était servi étaient de mauvaise fabrication ; les cartouches avaient été fabriquées dans le commerce. Ce qui s'est passé en Angleterre a dû se passer en Prusse, en Autriche, en Russie ; il n'est donc pas étonnant que les conclusions des commissions aient été aussi défavorables à notre arme.

Le fusil à aiguille n'est pas d'invention récente;

bien moins parfait qu'il ne l'est aujourd'hui, il a pour lui trente années d'expériences ; la Prusse change son armement et prend encore le fusil à aiguille ; dans trente ans on verra ce que seront devenues les armes à extracteur et à cartouches métalliques.

Il n'y a pas en ce moment de fusil se chargeant par la culasse que l'on ne puisse critiquer ; le grand avantage du nôtre, c'est qu'il est perfectible ; sans faire de fortes dépenses, il est facile de changer ou de modifier certaines parties du mécanisme. Nous ne doutons pas que, dans un temps bien rapproché peut-être, nous n'ayons des cartouches qui présenteront plus de solidité, de bonnes rondelles en caoutchouc ; et alors tomberont d'eux-mêmes ces grands reproches que l'on adresse journellement aux fusils à aiguille, qui n'en restent pas moins le type le plus vrai de l'arme se chargeant par la culasse.

Nous ne prolongerons pas plus longtemps cette discussion : ce serait, Messieurs, abuser de vos instants ; nous pensons que ce que nous avons dit de ces deux armes, est bien suffisant pour faire ressortir tous les avantages du fusil modèle 1866 sur toutes les armes en service dans les armées européennes.

III

INFLUENCE DU NOUVEL ARMEMENT SUR LA TACTIQUE ET L'INSTRUCTION DU SOLDAT D'INFANTERIE.

Le rôle que l'arme à feu a joué sur nos champs de bataille depuis son origine jusqu'à nos jours est assez remarquable pour arrêter un instant notre attention.

Au début, le mousquet était un objet de mépris, ne servant, disait-on, qu'à diminuer l'héroïsme et le courage viril. En est-il de même aujourd'hui, alors que l'arme à feu n'est réellement redoutable qu'entre les mains de celui qui, au milieu du combat, sait conserver son calme et son sang-froid ?

L'histoire nous apprend que les engins destructeurs ont progressé avec la civilisation, les arts et l'industrie, et, ce qui peut paraître un paradoxe, c'est que plus ces machines seront puissantes, moins les guerres seront meurtrières.

Avec l'arme blanche, les combats dégénéraient forcément en massacres, le champ de bataille appartenait au dernier survivant; l'arme à feu eut le mérite d'engendrer la tactique et la manœuvre du champ de bataille; on chercha moins à détruire son ennemi qu'à le démoraliser, soit par l'action d'un feu bien dirigé, soit par des charges à la baïonnette.

La base d'une bonne tactique militaire est, du

moins le croyons-nous ainsi, d'arriver à la démoralisation de l'ennemi, en s'aidant de tous les moyens que l'on peut avoir à sa disposition.

Ecartons de notre esprit ce préjugé, répandu bien à tort, qu'avec les mitrailleuses et autres armes à tir rapide, les batailles deviendront tellement meurtrières, que les guerres seront rendues impossibles.

Il résulte, en effet, de l'expérience acquise, que plus les engins de destruction ont progressé, moins les pertes ont été sensibles ; ainsi :

Aux batailles de Hochstedt, Ramillies, Malplaquet, Fontenoy, Leuthen (1704-1757), il y a eu 689,000 combattants ; tués ou blessés, 98,000 ; pour 100, 15 ;

Arcole, Marengo, Austerlitz, Iéna, Eylau, Essling, Wagram, Moskowa, Bautzen, Dresde, Leipsig, Waterloo (1797-1815), 2,785,000 combattants ; 449,000 tués ou blessés ; pour 100, 12 ;

Magenta et Solférino (1859), 485,000 combattants, 40,000 blessés ou tués ; pour 100, 8 ;

Sadowa (1866), 420,000 combattants, 36,000 tués ou blessés ; pour 100, 8.

Les batailles livrées en Amérique pendant la guerre de la sécession nous donnent une moyenne de 10 à 12 pour 100 en tués, blessés ou disparus. En lisant les relations des combats qui se livrèrent à cette époque aux Etats-Unis, on ne s'étonnera pas que les chiffres des pertes soient plus

forts que ceux relevés sur les champs de batail[le]
européens.

Les généraux font d'abord entrer en ligne le[s]
hommes disparus, et il y en eut beaucoup dan[s]
ces levées en masse faites à la hâte; plus d'u[n]
honnête citoyen brûlait du désir d'abandonner l[e]
camp, et s'empressait, aussitôt que l'occasion s[e]
présentait, de laisser là le mousquet pour retou[r]
ner dans ses foyers. Nous en trouvons une autr[e]
cause dans la manière dont on opérait en cam
pagne; dès qu'une armée arrivait en position, ell[e]
se retranchait, et l'armée ennemie en faisait au[
tant; les bois nombreux, la nature du sol, la fa
culté qu'ont les Américains de remuer la terre
tout se prêtait à ce genre de tactique.

Chaque combat était donc un siége, et malheu[r]
à l'adversaire audacieux qui ne réussissait pa[s]
dans son attaque; il était décimé dans sa retrait[e]
par une artillerie puissante, la cavalerie faisait e[n]
outre des ravages effrayants au milieu de ce[s]
masses, qui, même après trois ans de guerre
n'avaient pas encore acquis les premiers élément[s]
de la discipline.

Après avoir fait cette digression, revenons a[u]
principe que nous avons posé au début : *Arrive[r]*
à vaincre par la démoralisation.

Pour atteindre ce but, deux armées opposée[s]
l'une à l'autre devront beaucoup manœuvrer, e[t]
chercher à s'emparer des meilleures positions.
Lorsqu'elles seront en présence l'une de l'autre,

celle qui utilisera le plus promptement et le plus efficacement ses moyens d'action sera évidemment la première en mesure de jeter le trouble dans les rangs ennemis, et la victoire lui est assurée, si elle profite sagement de ce premier avantage.

Par cette raison seule que le feu est terrible quand il est bien dirigé, le désordre doit en être plus promptement la conséquence ; à l'instant où deux troupes s'abordent, il y aura sans doute un moment où les pertes seront très-sensibles ; mais ce moment sera d'autant plus court que le feu sera plus meurtrier.

Laissons de côté la question de manœuvre, car à part quelques modifications de détails, elle est et elle restera toujours la même, et portons au contraire toute notre attention sur les feux, dont l'efficacité est appelée à jouer le rôle principal le jour où deux armées auront à combattre l'une contre l'autre.

Il est à peu près passé le temps des *tireries* inutiles, que méprisait tant et à si juste titre le maréchal de Saxe, et il le sera tout à fait le jour où le soldat, par une instruction achevée et une application constante, saura obtenir de son arme les excellents effets qu'elle est susceptible de donner. Le fusil de guerre est devenu maintenant une arme excessivement sérieuse (la meilleure machine de guerre qui ait jamais été inventée par les hommes, a dit Napoléon Ier).

La meilleure infanterie sera celle qui tirera le mieux, le plus à propos, et qui, en produisant le plus grand effet utile, consommera le moins de munitions.

Il est loin aussi le temps où la baïonnette était tout, où le tir n'était rien ; déjà devant Sébastopol nous avons vu tout le parti que l'on avait tiré des armes de précision, et s'il est vrai que la guerre d'Italie ait donné encore raison aux prôneurs de l'arme blanche , du moins est-il à peu près certain que ce sera là son dernier succès.

A l'attaque de Düppel, une compagnie de 150 hommes appartenant à un bataillon danois, des plus estimés, et que pour cette raison on appelait *le bataillon des zouaves*, fut complétement détruite sur un parcours de 200 pas seulement, au moment où elle se précipitait sur un bataillon prussien qui lui était opposé ; à Sadowa, des bataillons entiers d'Autrichiens ont mordu la poussière, en cherchant à aborder témérairement, en terrain découvert, des troupes bien commandées.

Parlerons-nous de nos rencontres avec les armées anglaises? Soit en Espagne, soit en Belgique, les Anglais nous ont montré combien une troupe est puissante par la force de ses feux, alors qu'elle sait conserver le calme et le sang-froid. Que de fois cavalerie et infanterie échouèrent contre ces murailles humaines, qui tombaient mais ne reculaient pas ! L'élan imprimé aux troupes françaises par les vaillants chefs qui étaient à leur tête dut se briser devant ces feux de salve dirigés contre nos colonnes d'attaque.

L'histoire nous fournirait de nombreux exemples, qui constateraient, au besoin, les brillants résultats obtenus par des feux bien commandés et bien exécutés.

Il ne suffit pas de dire, cependant, que l'efficacité des feux est le gage le plus sûr de procurer la victoire, il faut encore chercher le moyen d'avoir des hommes tirant bien, et sachant conserver leur calme et leur sang-froid au milieu de l'action.

Notre arme est très-bonne, c'est incontestable, et cependant il est encore nécessaire qu'elle soit appréciée par le soldat ; il faut encore qu'il ait confiance en elle, et qu'il soit bien convaincu que, s'il sait s'en servir avec intelligence, rien ne pourra lui résister.

La première qualité d'un fantassin, c'est d'être bon tireur ; alors seulement il ne gaspille pas ses munitions, il ne fait pas comme le maladroit qui tire afin de s'étourdir.

L'homme n'acquerra une bonne instruction sur le tir que par des exercices répétés chaque jour, et si le budget ne permet pas que l'on brûle devant les cibles autant de cartouches qu'il serait nécessaire, il est à désirer que l'on introduise dans les corps, et le plus tôt possible, le tir réel dans les chambres. Il est certain que, par ce moyen, l'on obtiendra rapidement une très-bonne instruction.

Une fois ces connaissances acquises, il ne s'agira plus que de donner à l'homme, quand il sera en campagne, les moyens de les mettre en pratique.

Comme condition indispensable, il faut que le fantassin jouisse pleinement de toutes ses facultés ; il a surtout besoin de toute son intelligence pour tirer de son arme tout le parti que l'on doit en attendre, soit qu'il combatte dans le rang, soit qu'il combatte en tirailleur.

Évitons donc les coiffures lourdes, les vêtements étriqués, ces charges excessives qui transforment le soldat en bête de somme ; arrivé devant l'ennemi, assez de causes peuvent contribuer à lui faire perdre son sang-froid, pour que nous n'ajoutions pas volontairement des souffrances physiques, capables d'abattre son moral et de lui enlever sa volonté de bien faire.

Laissons-lui donc cette liberté de mouvement qui entraîne avec elle la santé, la force et le magnifique élan qui fait remporter les victoires.

La crainte de la mort, l'émotion du combat contribuent à empêcher l'homme de bien tirer ; ajoutons à cela la gêne que l'on éprouve dans le rang, les coups de coude, la grande habitude qu'il faut acquérir pour bien mettre en joue dans le créneau que l'on a devant soi ; telles sont les difficultés nombreuses que l'on aura à vaincre, et qu'il faut atténuer autant que possible parce qu'elles nuisent à l'efficacité du tir.

Une longue campagne et l'habitude de se trouver en face de l'ennemi auront raison des premières ; quant aux secondes, on ne peut y remédier que par des exercices fréquents faits dans les polygones.

Nous venons d'établir que, par l'efficacité des feux, on arrivait à démoraliser l'ennemi, gage certain de la victoire ; nous avons fait ressortir les conditions dans lesquelles doit se trouver le soldat, si l'on veut obtenir de lui tout ce que l'on doit en attendre ; il nous reste à savoir quel genre de feux on devra employer de préférence, quand on sera en présence de l'ennemi.

La théorie reconnaît trois espèces de feux différents :

1° Feux de tirailleurs ;

2° Feux de salve ;

3° Feux à volonté.

Le premier n'a rien de commun avec les deux autres.

L'homme isolé, livré à lui-même, doit employer toute son intelligence à savoir profiter de tous les accidents de terrain qui se présentent devant lui, à se rapprocher de l'ennemi et à se dérober à ses coups. — Combien alors il est essentiel pour le soldat d'avoir reçu une instrucion complète ; quelle utilité pour lui de savoir apprécier une distance, de bien connaître son arme, d'être en un mot convaincu qu'il a entre les mains son unique moyen d'attaque et de défense !

Le tirailleur, c'est l'homme dans son entier, c'est l'homme qui déploie toutes ses facultés et toute son énergie morale ; c'est l'homme terrible pour son ennemi, tant qu'au milieu du combat il reste calme et maître de lui-même.

Dans les feux d'ensemble, le soldat joue un rôle purement passif ; l'initiative appartenant à celui qui commande, c'est à ce dernier à apprécier la distance, à faire connaître à sa troupe la hausse dont elle doit se servir, c'est sur lui que repose toute la responsabilité ; il aura donc, suivant les circonstances, à opter entre les feux de salve et les feux à volonté.

Ce choix a donné lieu à bien des discussions, depuis l'adoption des nouvelles armes.

Les opinions se sont partagées, et, si nous nous permettons aujourd'hui d'émettre la nôtre, nous commençons par écarter la prétention de la faire prévaloir ; à notre humble avis, une campagne seule peut décider la question.

Jusqu'à ce jour, les feux à volonté étaient employés de préférence aux feux de salve, et si nous en cherchons la raison, nous la trouvons dans la longueur du chargement ; on ne pouvait pas admettre, en effet, qu'une troupe restât sans moyen de défense.

Plus tard, l'introduction dans nos manœuvres

des feux par rang permit de se servir des feux de salve et d'éviter l'inconvénient signalé ci-dessus; n'est-ce pas dire déjà que l'on considérait les feux de salve comme supérieurs aux feux à volonté, et que, si on ne les employait pas d'une façon absolue, la seule cause en était au temps employé par le soldat pour charger son arme?

Or, voyons ce que devient le feu à volonté avec l'arme à tir rapide.

Dès la première balle, tous les hommes tirent à la fois, le front de la troupe se couvre de fumée, le soldat ne vise plus et tâche de tirer le plus vite possible ; quel sera le résultat de ce feu? Beaucoup de munitions consommées, effet utile à peu près nul.

Si vous avez affaire à un ennemi intelligent, il se couchera et vous laissera brûler vos cartouches sans éprouver de pertes.

Avec les feux de salve, au contraire, celui qui commande pourra modérer la consommation des munitions ; s'il a commis une erreur, en réglant les hausses, il verra où portent les coups, pourra rectifier le tir de sa troupe, et obtenir un effet utile très-satisfaisant.

Le tir sera toujours assez rapide, car il est facile, en commandant le feu, de faire tirer cinq balles à la minute.

En nous appuyant sur notre principe émis précédemment, que, pour vaincre, il faut, par l'efficacité des feux, démoraliser l'ennemi, nous arrivons à conclure que les fenx de salve doivent être employés de préférence aux feux à volonté.

Personne n'ignore, en effet, qu'une troupe subi une influence morale bien plus grande, quand elle reçoit d'un seul jet une grêle de projectiles : rien n'est plus terrifiant qu'un bon feu de bataillon, tandis que l'on s'habitue facilement aux feux à volonté.

Les citations ne nous manqueraient pas à l'appui de cette thèse. Sans revenir aux guerres de l'empire, aux journées de Düppel et de Sadowa dont nous avons déjà parlé, ouvrons l'ouvrage remarquable de la *Guerre de la sécession* publié en 1867 par l'élève de Jomini, M. Lecomte, colonel de l'armée fédérale ; nous y verrons, dans la plupart des combats livrés entre le Nord et le Sud, des colonnes arrêtées et mises en déroute par des feux à commandement faits à propos et avec calme.

Ces exemples doivent avoir pour nous une bien grande importance, puisque c'est la première fois que deux armées en présence faisaient usage du fusil se chargeant par la culasse.

Mais on nous fait cette objection :

Quand on arrive près de l'ennemi, il n'est plus possible d'empêcher les hommes de tirer sans commandement.

Tout en reconnaissant que cela peut être difficile, on voudra bien admettre que le chef d'une troupe aura assez d'empire sur lui-même pour rester calme pendant le combat, et pour savoir se faire obéir, qu'il soit près ou loin de l'ennemi.

L'instruction pourrait encore venir faciliter cette tâche.

Dans les manœuvres, toutes les fois que l'on exécute des formations en bataille, les chefs de peloton ou de bataillon commandent des feux à volonté ; il en résulte que vous faites contracter au soldat une habitude, et qu'il sera très-étonné le jour où vous changerez votre manière de faire. Soyez alors devant l'ennemi, sous l'influence de cette crainte, que tout le monde ne peut pas dominer, il est bien certain que vous obtiendrez difficilement de vos hommes ce que vous ne leur avez demandé que bien rarement sur les terrains de manœuvres.

Il y a donc nécessité de modifier notre manière de faire ; il importe que nos soldats sachent que, toutes les fois qu'ils arrivent sur la ligne de bataille, ils vont faire un feu de salve ; ils y seront bientôt tellement familiarisés, qu'ils ne songeront plus aux feux à volonté.

Nous n'ignorons pas que des causes multiples empêchent la bonne exécution d'un feu de peloton, mais c'est précisément une raison pour en faire beaucoup, non-seulement dans les manœuvres, mais encore sur les terrains d'exercice de tir à des distances connues et inconnues.

Quant aux feux à volonté, nous désirerions les

voir sinon supprimés d'une manière absolue, tou
au moins employés très-exceptionnellement; or
saura toujours les exécuter quand l'utilité s'e
fera sentir sur le champ de bataille.

Laissons donc de côté les vieux errements
faisons en sorte que notre force ne repose plus
comme autrefois, uniquement sur la baïonnette
sachons comprendre que nous avons entre le
mains un engin terrible et puissant; consacron
tous nos efforts à en tirer tout le parti possible
Ce ne sera plus le temps du célèbre : MESSIEUR
LES ANGLAIS, TIREZ LES PREMIERS ! de la bataille
de Fontenoy, ni de la sublime prière des ancien
Suisses et Suédois, ni des longs assauts à la
baïonnette, ni des colonnes massives de d'Erlon,
ni des charges à la cravache de Murat! mais ce
sera, plus que jamais, celui d'imiter le calme de
Wellington et de modifier cette furie française
qui a fait trembler toutes les armées européennes.
Quand jadis nos colonnes s'avançaient en pous-
sant le fameux cri de : *En avant*, tout frémissait,
l'ennemi était démoralisé, il était vaincu. Aujourd'hui, c'est par notre sang-froid, c'est par
notre calme dans les manœuvres, c'est par l'efficacité de nos feux que nous devons produire le
même effet.

Dirigeons vers ce but tous nos efforts, et ne
perdons jamais de vue qu'avec la puissance de
l'armement actuel, le succès dépend plus encore
de la qualité des troupes et de la supériorité in-

tellectuelle des chefs que de la force brute des masses.

Enfin, n'oublions pas que l'arme est le dernier mot de l'instruction militaire; que faire un bon tireur, c'est la condition indispensable pour faire un bon soldat, et en définitive la confiance absolue que l'homme a dans son fusil est un des éléments les plus puissants de la force morale d'une armée.

SUPPLÉMENT.

Au moment où va paraître notre conférence, nous recevons une lettre de la Hollande qui nous apprend que cette puissance a définitivement adopté le fusil Beaumont.

Nous nous empressons de communiquer à nos lecteurs quelques données sur cette arme qui a pris le nom de fusil modèle 1870.

Longueur totale avec baïonnette.	$1^m,82$
Idem sans baïonnette.	$1^m,32$
Poids du fusil avec baïonnette.	$4^k,685$
Idem sans baïonnette.	$4^k,35$
Calibre.	$0^m,011$
Nombre de rayures..	4
Profondeur..	$0^m,003$
Pas d'hélice..	$0^m,75$

Le corps de la cartouche est une douille en cuivre jaune avec percussion centrale.

Charge de poudre. . . . .   4^s,25
Poids de la balle. . . . .   21^c,75
Vitesse initiale. . . . .   404^m

Paris. — Impr. de Cosse et J. Dumaine, rue Christine, 2.

Armes se chargeant par la culasse adoptées par les Puissances européennes et par les États-Unis.

NUMÉROS des groupes.	NOMS des puissances.	SYSTÈMES D'ARMES.	CALIBRE de l'arme.	BALLE.			CARTOUCHE.				RAYURES.				OBSERVATIONS.
				Calibre en millimèt.	Poids en grammes.	Longueur en millimèt.	Charge en grammes.	Poids en grammes.	Poids mort en grammes.	Longueur en millimèt.	Nombre.	Pas en mètres.	Profondeur en mètres.	Largeur en mètres.	
1er GROUPE.	Danemark Etats du Pape	Remington	42.6	43.2	25	24.50	5	36.50	6.50	47	7	0.75	0.0002	0.0032	Fusil neuf.
	Autriche	Vanzl	43.9	44.3	28	24	4.37	37.37	5	»	4	0.25	0.0002	0.0054	Transformation.
		Wördl	40.8	44.3	25	20	4	34	5	55	»	»	»	»	Fusil neuf.
	Angleterre	Enfield (transformé Snyder)	44.8	45.0	34	24	4.50	49.50	7	64.50	3	2	0.0002	0.006	Transformation.
		Martini	44.43	44.43	34	32.24	5.85	46.30	9.45	99	7	0.559	0.0002	0.006	Fusil neuf.
	Belgique	Albini	44	40.6	25	25	5	40	40	»	4	0.55	0.0003	0.0045	Transformation.
	Suisse	Milbanck–Amsler	40.5	40.8	20.5	26	3.75	30.6	6	56.4	4	0.80	0.0003	0.004	Id.
	Hollande	Snyder	47.5	47	39	26.3	5	52.5	8.5	46	4	4.90	0.0003	0.0055	Id.
	France	Transformat. 1867	47.8	47.2	36	24.5	4.50	48	7.50	»	4	2	0.0002	0.0066	Id.
2e GROUPE.	Amérique	Lindner	44.8	»	»	»	»	»	»	»	»	»	»	»	Transformation.
	Grand-duché de Bade	Terry	43.9	44.3	27.6	24.8	4	32.6	1	57.6	4	0.81	0.0002	0.004	Id.
	Bavière		43.9	43.6	29.46	22	4.37	35.53	2	53.5	4	0.84	0.0002	0.004	Id.
	Norwége et Suède		42.47	44 77	24.94	28	4.86	30.77	1	54	6	0.833	La section perpendiculaire à l'axe est hexagonale.		Fusil neuf.
	Russie	Terry	45.2	44.8	33	24.61	4.7	42.7	5	56.92	4	4.33	0.0003	0.005	Transformation.
		Trummer	43.2	43.96	33	25.39 / 29.19	4 26	38.26	4	53	4	4.33	0.0003	0.005	Fusil neuf.
3e GROUPE.	France	Fusil (mod. 1866)	44	44.5	24.50	25	5.25	33	2.75	68	4	0.55	0.0003	0.004	Fusil neuf.
	Italie		48	47.2	36	23	4.5	43.5	3	57	4	2.00	0 0002	0.0066	Transformation.
	Prusse	Dreyse	45.5	43.5	34	27.7	4.9	40.65	4.75	56.25	4	0.732	0.00078	0.006	Fusil neuf.
	Russie	Carle	45.2	(1)											
4e GROUPE.	Amérique	Spencer	43.2	44.5	22.725	42.5	3.375	31.076	4.076	44.5	»	»	»	»	Fusil neuf.
	Suisse	Vetterli	40.5	40.8	20.5	26	3.75	30.50	6.25	»	4	0.80	0 00045	0.00225	Id.

(1) Il paraît que la Russie veut adopter un fusil du calibre de 44.43 construit d'après le système de l'Américain Berdan.

COMMISSION DES CONFÉRENCES RÉGIMENTAIRES

1re SÉRIE. — 1869

1re CONFÉRENCE. — Considérations générales sur l'état militaire de la France et des principales puissances étrangères. Rapporteur : M. NUGUES, lieutenant-colonel d'état-major. In-18.   30 cent.

2e CONFÉRENCE. — I. Armement nouveau. — II. Considérations générales sur les modifications que la tactique doit subir par suite du nouvel état de l'armement européen. Rapporteur : M. MALDAN, Chef d'escadron d'artillerie. In-18.   30 cent.

3e CONFÉRENCE sur l'emploi des chemins de fer à la guerre et sur la Télégraphie militaire. Rapporteur : M. PREVOST, Chef de bataillon du génie. In-18.   30 cent.

4e CONFÉRENCE sur la tactique séparée de la cavalerie. Rapporteur : M. SAVIN-DE-LAR-CLAUSE, Chef d'escadrons au 3e hussards. In-18.   30 cent.

5e CONFÉRENCE. — Exposé sommaire de la Campagne d'Allemagne en 1866. Rapporteur : M. CH. FAY, Chef d'escadron d'état-major. In-18.   30 cent.

6ᵉ CONFÉRENCE sur la tactique de l'infanterie prussienne pendant la campagne de 1866. Rapporteur : M. HEINTZ, Chef de bataillon au 3ᵉ régiment de voltigeurs de la garde impériale. In-18. 30 cent.

7ᵉ CONFÉRENCE sur l'emploi de la cavalerie en Allemagne pendant la campagne de 1866. Rapporteur : M. CHARREYRON, Lieutenant-Colonel du 11ᵉ régiment de chasseurs. In-18. 30 cent.

8ᵉ CONFÉRENCE sur la tactique des trois armes dans la division. Rapporteur : M. LANTY, Chef de bataillon du génie. In-18. 40 cent.

9ᵉ CONFÉRENCE. — De la géographie de l'Allemagne. Rapporteur : M. Cʜ. FAY, Chef d'escadron d'état-major. In-18. 40 cent.

10ᵉ CONFÉRENCE. — De l'organisation militaire de l'Allemagne. Rapporteur : M. Cʜ. FAY, Chef d'escadron d'état-major. In-18. 30 cent.

11ᵉ CONFÉRENCE sur l'Artillerie de campagne, son emploi dans la guerre de 1866. Rapporteur : M. SAUNIER, Lieutenant-Colonel du 11ᵉ d'artillerie. In-18. 40 cent.

12ᵉ CONFÉRENCE sur le rôle de la Fortification dans les combats. Rapporteur : M. F. PREVOST, Chef de bataillon du génie. In-18. 30 cent.

CONFÉRENCE sur le service de santé en campagne; par M. LEGOUEST, Médecin principal de 1ʳᵉ classe. In-18. 40 cent.

CONFÉRENCE sur la Garde nationale mobile. Rapporteur : M. Cʜ. CORBIN, Chef d'escadron d'état-major. In-18. 40 cent.

CONFÉRENCE de quelques récents travaux sur la tactique. In-18. 30 cent.

Carte du théâtre des opérations en Bohême, en 1866. 1 feuille. 30 cent.

Plan de bataille de Sadowa (3 juillet 1866). 1 feuille. 30 cent.

Nota.—Ces deux cartes sont publiées à l'appui de la conférence régimentaire n° 5. — Exposé sommaire de la Campagne d'Allemagne en 1866.

Carte générale de l'Allemagne contenant, outre les indications géographiques habituelles, et les nouvelles divisions politiques, les lignes principales des chemins de fer allemands. 1 feuille. 30 cent.

Nota. — Cette carte est publiée à l'appui de la conférence régimentaire sur la géographie de l'Allemagne.

2ᵉ SÉRIE. — 1869-1870

N° 1. — **CONFÉRENCE sur la marche d'un corps d'armée;** par M. LEWAL, Colonel d'état-major. In-18 avec planches. 75 cent.

N° 2. — **Étude sur la Campagne de 1866 en Italie et sur la bataille de Custozza;** par J. VIAL, Chef d'escadron d'état-major, Professeur d'art et d'histoire militaires à l'École impériale d'état-major. In-18. 50 cent.

N° 3. — **De la cavalerie dans le passé et dans l'avenir;** par M. D'ANDLAU, Lieutenant-Colonel d'état-major. In-18. 75 cent.

N° 4. — **CONFÉRENCE sur la Tactique de l'infanterie;** par M. Charles DESCHAMPS, Capitaine au 3ᵉ régiment de tirailleurs algériens. In-18. 40 cent.

N° 5. — **Étude sur la frontière du sud-est**
depuis l'annexion à la France de la Savoie et du
Comté de Nice ; par M. BORSON, colonel d'état-
major. In-18.

N° 6. — **CONFÉRENCE** sur les opérations de
nuit en campagne ; par Jules BOURELLY,
capitaine d'état-major.   50 cent.

N° 7. — **CONFÉRENCE** sur l'insurrection de
la Dalmatie (1869) ; par M. DERRÉCAGAIX,
capitaine d'état-major.   50 cent.

N° 8. — **CONFÉRENCE** sur la guerre du Pa-
raguay ; par M. Théodore FIX, capitaine d'état-
major. — Avec une carte.   75 cent.

N° 9. — **De l'Armement de l'Europe et des
États-Unis.** — Influence du fusil à tir rapide
sur la tactique et l'instruction du soldat d'infanterie ; par **M. DE PARADES DE LA
PLAIGNE**, capitaine adjudant-major au 2ᵉ régiment de grenadiers de la garde impériale.
In-18.   50 cent.

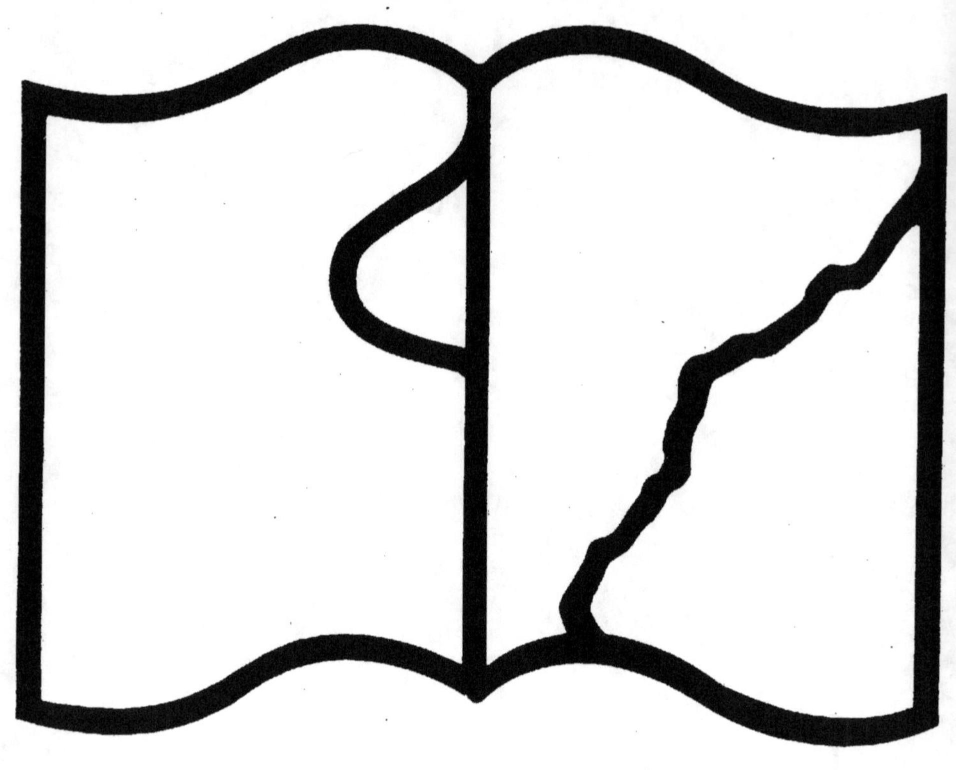

Texte détérioré — reliure défectueuse

NF Z 43-120-11

www.ingramcontent.com/pod-product-compliance
Lightning Source LLC
Chambersburg PA
CBHW061254060726
47596CB00002B/589